ZEIT UND LEBEN

von

LEBENSSONNE

FSC
www.fsc.org
MIX
Papier aus ver-
antwortungsvollen
Quellen
Paper from
responsible sources
FSC® C105338

Herstellung und Verlag: BoD – Books on Demand,
Norderstedt
ISBN: 9783756859177

BUCH 1

Fixierter Beitrag

Album Story of Rock ab 09.10.22

Gerd Steinkoenig hat 4 neue Fotos hinzugefügt.

14. Oktober um 19:18 ·

Mein Lebenswerk ist vollendet! Heute, am 14.10.2022, kam die Post! Dies hier ist mein Werbebooklet über meine ISBN-Bücher von Januar 2017 bis Oktober 2022! Alle Bücher von mir = EIN Buch! Mit Momentums, Prosaen, Poesien, Lebensphilosophie, Musik, Lebenssinn, Fotos, TV-Serien, Filme, Erinnerungen, Erlebnisse, Erfahrungen, Stationen, Schicksale etc etc!! All You Need Is Love (The Beatles 1967), Mad Man Moon (Genesis 1976), Viva La Vida (Coldplay 2008), The Time Is Gone The Song Is Over (Pink Floyd 1973).

Die 2...

The Song Remai...

Und mein Platinum Trio The ...

Kreuz und quer hatte ich über meine Kon...

Inklusiv Genesis-Plakat/Eintrittskarte

Und Pink Floyd, Neil Young, Tribute, BAP, Stevie Wonder

Immer wieder Erlebnisse und Erinnerungen (Tribute!!!!)

Nicht nur Konzerte (ach ja, war noch Jethro Tull, U 2, Spliff...)

Sondern aus meinem Leben

Kreuz und quer mit Erinnerungen und/oder Fotos

Mit Annweiler am Trifels, Landau in der Pfalz

K-Town, Schwedelbach, Alzey, Klingenmünster

... Smile, Ting, Trocadero, Why Not

...enbach, Jobs

Gerd Steinkoenig, Bj 1959, hat nur ein Zitat aus
diesem Booklet:
Und dieses Buch ist kein 42. ISBN-Buch
Sondern einfach Kennen lern-Buch, Werbe-Buch
Übersichts-Buch, Best of-Buch, Ich bin Gerd-Buch
Meine Bücher sind Dokumentationen
mit Zeitgeister, Zeitoasen, Zeitraffer,
Lebenszeitabteilungen

Viel Spaß und Good Reading!

C Gerd Steinkoenig, 03. Oktober 2022

80 Fotos-Buch aus meinem Leben (2021):

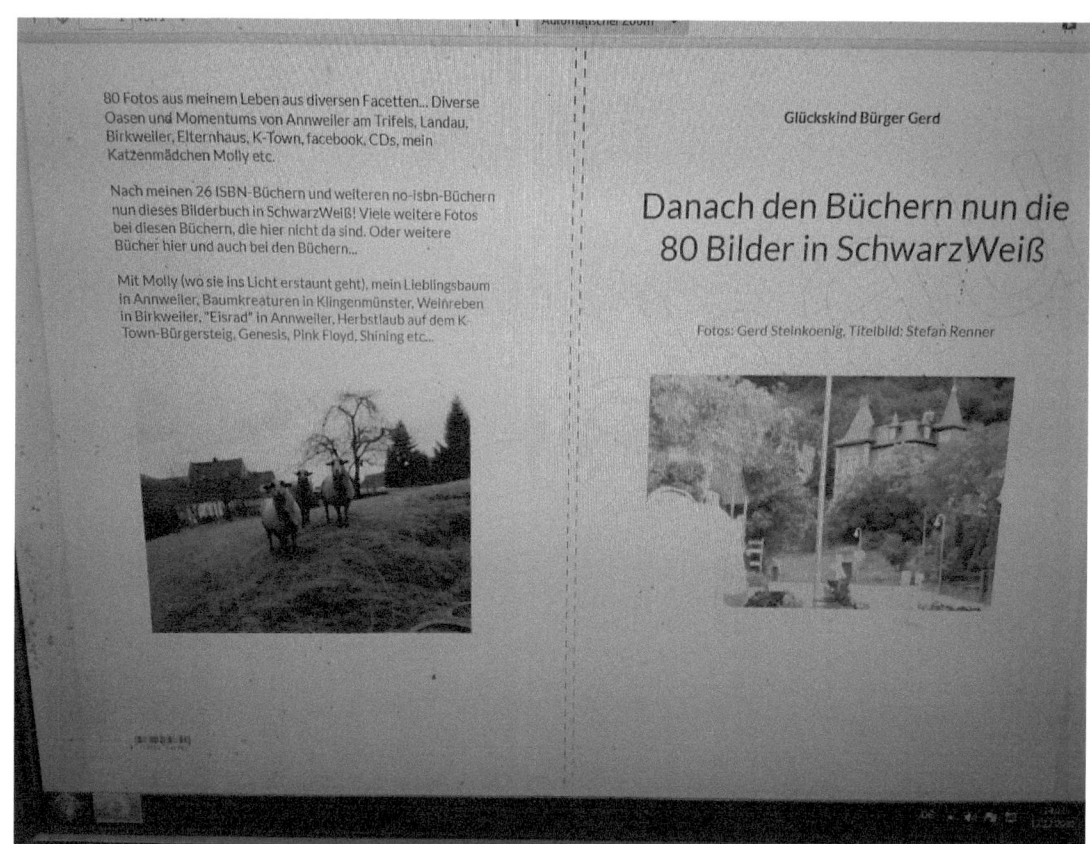

Gerd Steinkoenig

20. Oktober 2021 ·

Gefundener Einkaufszettel zum Urlaub 20?? Von Vater (R.I.P. 2017)... Die vertraute Schrift...

Liste „Tüete"
Cervezas   3 Lagen
Brandy   2 x   ~~Whisky~~ Whisky
Crema (Körperlotion)
Deo-Roller   Weißwein ?
Kaffee / Filter   4 x
Milch
Zucker
Marmelade
Brote / Käse
Toilettenpapier / Servietten / Küchenrollen
Wurst / Käse / Brötchen
~~Zigaretten~~
~~Kekse~~
Backpapier
~~Rasierschaum~~
Sonnenschutz

VINYL-MOMENTUM 1978!! JETZT "MUSEUMSWAND" 2022...

BUCH?? Mein Name ist LEBENSSONNE!! Mein 1. Buch!! Denn "Gerd Steinkoenig" ist als Autor nicht mehr da! Ich strenge mich an, ich hab neue Inspiration, es dauert auf jeden Fall! Nur ein kleiner Ausschnitt aus meinem Buch (es heißt ZEIT UND LEBEN):

OK! OK! Vinyl ist wieder da!! Juhuu!! Aber DER Momentum ist nie mehr da (für mich). 1978 war das 3. Jahr LP-Sammlung, die Plattenläden in K-Town (kein Kosmetik-Müller oder Media

Markt, sondern richtige PLATTENGESCHÄFTE!!´). Klar, in der Vinyl-Zeitschrift MINT sind Werbungen mit richtigen Plattengeschäften, aber wie gesagt... 1978 (oder auch ca 1982, 1983, in Mannheim auf den Planken - pro Einkauf mindestens 100 DM...) hatte ich Kumpels, die gleichen Musikgeschmäcker, Diskussionen über eine neue LP, die "Studenten"kneipen in K-Town wie Smile und Ting etc... Und ein "Vinylgerät" hab ich auch nicht - zumal 99,75 % meines Vinyls im Dezember 2017 entsorgt wurde. Mittlerweile hab ich die Vinyls wieder bei meiner CD-Sammlung. Mittlerweile hab ich meine Pink Floyd-Alben (komplett von 1972 bis 1979 etc), denn was ich bei den Vinyls hatte, war nix mit CDs, nur kleine Ausnahmen wie Brothers In Arms (Dire Straits)-Vinylalbum UND Brothers In Arms (Dire Straits)-CD... Ich hatte (1992) 1000 Vinyl-Alben und 400 CDs! Jetzt, Oktober 2022 hab ich ungefähr 600 oder 700 CDs - ich weiß es nicht, weil ich sehr viele Hefte-CDs habe (von Rolling Stone, Musikexpress, Eclipsed etc), denn es ist echt unübersichtlich. Aber ich hab mein "Heiliger Gral" von meiner Schrankvitrine von Abba bis ZZ Top! Ich hab es einigermaßen hingekriegt ALLE Genres zu haben, also ich hab von Alexandra bis Frank Zappa, Glenn Miller bis Pet Shop Boys, Miles Davis bis Frank Sinatra, von Metallica bis John Denver, von Genesis bis Pink Floyd, Led Zeppelin, Deep Purple, The Beatles, Rolling Stones, Edith Piaf, Marianne Rosenberg, Böhse Onkelz, Udo Lindenberg, U 2, Depeche Mode, Kate Bush, Sade, Neil Young, Bob Dylan, David Bowie, Green Day, No Angels, Eagles, Jean-Michel Jarre, Michael Jackson, Ella Fitzgerald, Söhne Mannheims, Credence Clearwater Revival, Cream, The Doors, Jimi Hendrix, Bruce Springsteen, Dinah Washington, AC/DC, Yvonne Catterfeld, Simon & Garfunkel, Guns n Roses, Yes, Udo Jürgens, The Fugees, The Police, Roger Waters, David Gilmour, Gary Numan, Tina Turner, Patsy Cline, Jim Messina, Marillion, Supertramp, Quicksilver Messenger Service, James Last, Benny Goodman, Sweet, Madonna, Duke Ellington, The Offspring, Pointer Sisters, desweiteren... Und sehr viele Sampler mit Oldies, 50er Jahre Schlager, Techno, Country, Blues, Disco, Rock, Pop, Motown, NDW etc...

LEBENSSOUNDTRACK GENESIS UND PINK FLOYD

Und natürlich my Fab Four The Beatles... Und Led Zeppelin... Und Neil Young... Und Kate Bush... Und Deep Purple, Sade, The Police, David Bowie, desweiteren.... MEIN LEBENSSOUNDTRACK!! Nr 1 - Album seit vielen Jahrzehnten (seit 1976) ist The Dark Side Of The Moon (Pink Floyd 1973) und Genesis ist meine Lieblingsband! Bei meinen Büchern als Gerd Steinkoenig hatte ich mehrere Genesis-Aufsätze (auf den absoluten Punkt: Progrock aus den 70ern mit Supper´s Ready ist genial, 80er Chartpop mit Land of Confusion ist scheiße... Man muss natürlich differenzieren: in der Popära ist z.B. Domino wirklich gut, aber es ist dann ProgPOP!! Ein gewisser "S1" wo ich kenne, würde an die Wand klettern... Leider ist es so: bei amazon music haste bei Popfutter mit I Can´t Dance, Mama, Invisible Touch dir meisten Punkte - bei Progrock-Epen wie Supper´s Ready, Firfth of Fifth, Mad Man Moon haste 1 oder 2 Punkte, quasi nichts... Wenn Afterglow und Carpet Crawlers aus der Progrock-Ära doch noch hohe Punkte hast, dann nur wegen der Liveshows 2021/2022 (und 2007)... Genesis ist meine Lieblingsband, aber wenn man das zu einem sagt, lästert er vielleicht noch. ah der hat nur Pop, denn heutzutage wissen die meisten Leute von Genesis nur Popalben wie Invisible Touch, We Can´t Dance... Pink Floyd hat für mich total zeitlose Songs: Shine On Your Crazy Diamond, Time, Us And Them, Comfortably Numb... Erinnerungen und Erlebnisse von Pink Floyd, Genesis (und The Beatles) hab ich zuhauf! Bei einigen Gerd Steinkoenig-ISBN-Büchern sind diese Erinnerungen dokumentiert. Wenn ich an Time denke: Englisch-Nachhilfelehrer, Time gehört, den Text übersetzt und die Textphilosophie analysiert - seitdem The Dark Side Of The Moon forever ewig... Und Genesis mit meinem alten Kumpel R.R. - ein Nr 1-Fan de luxe von Genesis... Und Konzerte gesehen: Open Air- Konzerte von Genesis und Pink Floyd (jeweils Maimarktgelände Mannheim), plus ex-Gittarist Steve Hackett, plus ex-Sänger Peter Gabriel. Ja, und die Vinyl-Alben damals! Ein Feiertag, wenn ein neues Album heraus kam... Heute sind die Leute in einem Paralelluniversum ("Hä? Was ist ein Album? Ist das ein Fotoalbum?). Und wie gesagt, Liebe zu Vinyl: siehe bei den Gerd Steinkoenig-Büchern wie z.B. Blood On THe Rooftops (2017)...

Trespass 1970 Nursery Cryme 1971 Foxtrot 1972

Wind & Wuthering 1976 A Trick Of The Tail 1976 Seconds Out

11

Gerd Steinkoenig hat 19 neue Fotos zu dem Album „Story of Rock ab 09.10.22" hinzugefügt.

15. Oktober um 21:26 ·

"Teil 392" CD-Sammlung (und ein bisschen DVD: seit gestern: Böhse Onkelz), feat. Genesis, Pink Floyd, Beatles, Led Zeppelin, Neil Young, Udo Lindenberg, Rolling Stones, James Last, Kate Bush, Sade, Nirvana,Tina Turner, Miles Davis, Prince, Deep Purple, Steve Hackett, Roger Waters, David Gilmour, U 2, Coldplay, Jethro Tull,Bruce Springsteen, Bob Dylan, Quick Silver Messenger, Credence Clearwater Revival, Jimi Hendrix (gestern hab ich mein Woodstock Livealbum von Hendrix!!), Cream, Depeche Mode, Bee Gees, Jean Michel Jarre, Marianne Rosenberg, Söhne Mannheims, Metallica, Frank Zappa, ZZ Top, Glenn Miller, Frank Sinatra, Ella Fitzgerald, Green Day, Pink, Madonna, Iron Maiden, The Police, Sting, Dire Straits, Mark Knopfler, John Lennon, Boston, Marillion, Yes, Elvis Presley, No Angels, Simon & Garfunkel, Edith Piaf, Sweet, Fleetwood Mac, Asia, Fugees, R. E. M. and many many many more!!!! 15.10.2022

Wieder andere Namen wie vorher in this book... Bei den nachfolgenden Fotos (Auswahl) wieder andere Namen... Herrlich!!

BUCH 2

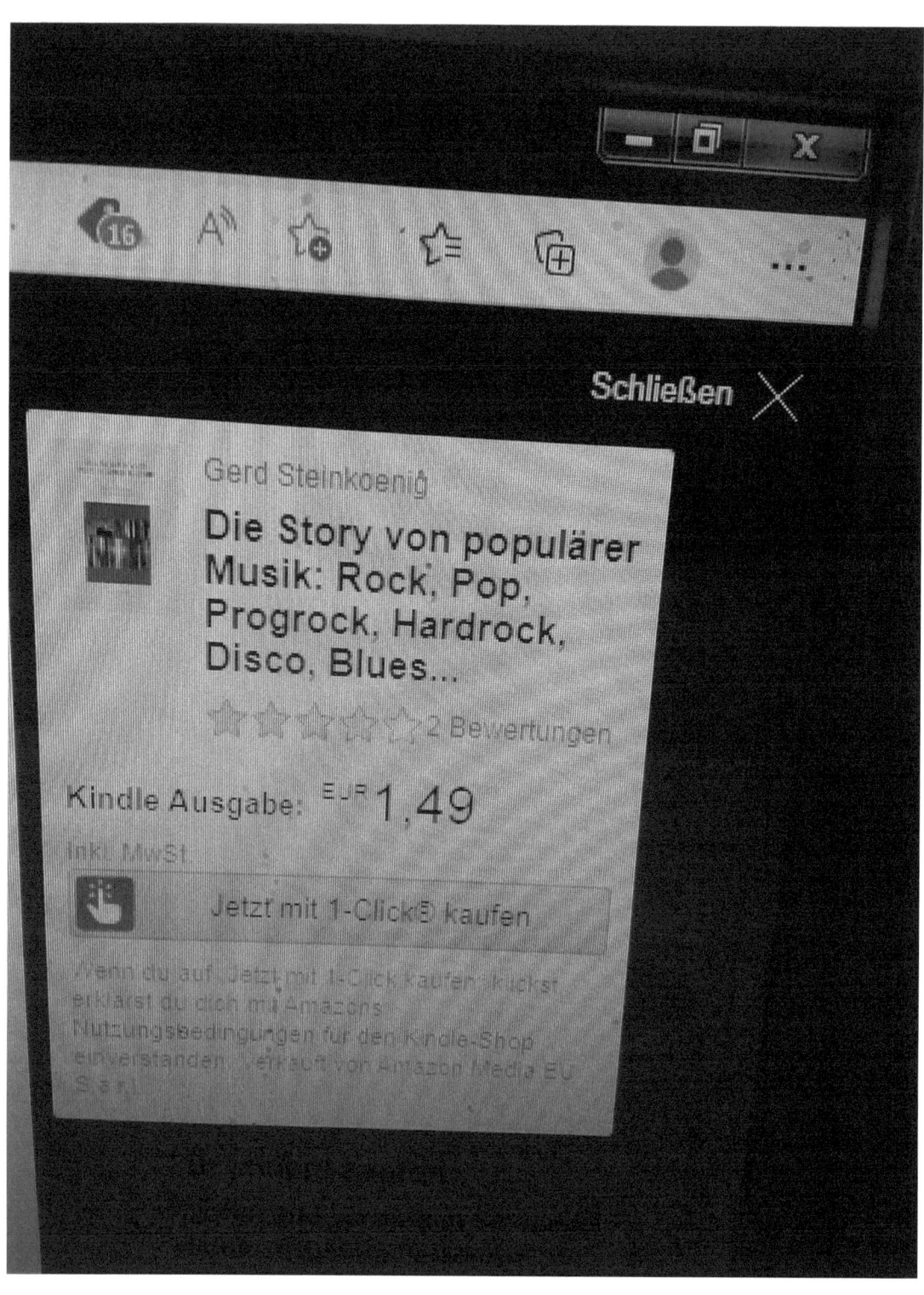

Wir alle teilen den selben Atem!
Alles ist miteinander verbunden....
Der Mensch schuf nicht
das Gewebe des Lebens,
er ist darin nur eine Faser.
Was immer ihr
diesem Gewebe antut,
das tut ihr euch selber an....

~ Chief Seattle

Beim The Beatles-Foto: Life, Fun, and-?

22. Oktober um 16:08 ·

Epic pre-picture picture...

MENSCHEN!!

Menschen sind geil

Mit Körper, Geist, Seele

Mit kreativen Horizonten mit Liebe

"Wir alle teilen den selben Atem" (Chief Seattle)

Aber Menschen sind (oft? Alle? selten?) egoistisch

Mit Macht, Geldgier, nach uns die Sintflut

Das Klima hat keine Grenzen

"Wir alle teilen den selben Atem" (Chief Seattle)

USA, VR China, Russland = Ego-Ideologie

Egal mit Natur, Klima, Positive Vibrations

Es geht um Ideologie

Auch mit Deutschland, Frankreich, UK, Japan

Menschen sind geil - hab ich gedacht

Im 20. Jahrhundert war mehr Solidarität

Zusammenhalt der Gesellschaft

2022 sind Menschen oberflächlich

Der Geist ist faul durch Internet

Schnell bequem durch Internetshops

Schnell bequem durch Wikipedia

Im 20. Jahrhundert lernte man vom BUCH

Auswendig lernen und Gehirntraining

2022 ist Verschwörungs"theorie"

Meinungsdiktatur und Bild-Zeitung

1973 wusste ich: 1 + 1 = 2

2022 ist bei "1 + 1" erstmal Streit

"Wir alle teilen den selben Atem" (Chief Seattle)

Man hätte mit social networks

Weltgemeinschaft machen können

Das kann man, juhuu

Aber heute hat man Meinungshetze

Statt Weltgemeinschaft

Wir brauchen Liebe und Frieden

Aber die Human Nature = Egoshooter

(27.10.2022 - Lebenssonne aka Gerd Steinkoenig)

Rosa-Luxemburg-Stiftung

Gesponsert · Finanziert von Rosa-Luxemburg-Stiftung ·

«Ich habe nichts, im buchstäblichen Sinne nichts, mit der Spiegel-Angelegenheit zu tun.»

So hatte sich Franz-Josef Strauß zunächst dazu geäußert, als man ihm vorwarf, «etwas außerhalb der Legalität» gemacht zu haben, als er im Rahmen der Spiegel-Affäre seine regierungspolitischen Kompetenzen aus demokratischer Sicht bei Weitem überschritt.

Infolge unliebsamer Berichterstattung des Spiegels über die NATO-Politik hatte der frühere Nationalsozialist und Staatsrechtler Friedrich August von der Heydte Strafanzeige gegen den Spiegel gestellt und den Vorwurf des Landesverrates erhoben, weil das Magazin die Verteidigungskraft der NATO gegenüber dem Warschauer Pakt infrage gestellt hatte. Mehrere Redakteure sowie der Chefredakteur Rudolf Augstein kamen in Untersuchungshaft.

Heute vor 60 Jahren, am 26. Oktober 1962, wurden schließlich die Redaktionsgebäude der Zeitung in Hamburg und Bonn durchsucht. Conrad Ahlers, der Autor des strittigen Artikels, wurde während seines Spanienurlaubs verhaftet. Veranlasst hatte das Verteidigungsminister Franz Josef Strauß, der gute Beziehungen zur Franco-Diktatur pflegte. Während sich Konrad Adenauer vor Strauß stellte, traten fünf FDP-Minister aus Protest zurück. Nur Strauß' anschließender freiwilliger Rücktritt konnte eine Regierungskrise verhindern.

Aus heutiger Sicht trug die Spiegel-Affäre und insbesondere das amtsanmaßende Verhalten des Verteidigungsministers dazu bei, dass die Medien die Handlungen der Bonner Politik kritischer begleiteten.

#AndiesemTag

Am 26. Oktober 1962... Da war ich 3 Jahre alt. Von der SPIEGEL-Affäre wusste ich erst in den 1970ern davon! Politisch wurde ich durch meine Lehrerin Barthel (Volkshauptschule Weilerbach 1972 - 1974). Da waren Spiegel-Hefte, da war ein Referat über 1 Woche 20h-Tagesschau (liebe Kinder, damals waren nur 3 Programme ARD, ZDF, Dritte). Damals war das Hardcore, z.B. Fernsehkrieg Vietnam - mit Napalmbomben und ein weinendes nacktes Mädchen etc (das Mädchen hab ich in einer meiner Gerd Steinkoenig-Büchern). Als Geschichte (mit Lehrerin Bach) kurz vor Schluss war, dachte ich, jetzt kommt Hitler. Aber da war nix - nur Schlusswiederholungen... Dir 1970er waren frei, solidarisch, experimentell (sogar die ARD mit Rockpalast-Nächten, barbusige Go Go-Girls beim Musikladen, die barbusige Ingrid Steeger bei "Klimbim" - kannste heute total vergessen...), aber eben wie bei Ekel Alfred bei "Ein Herz und eine Seele": Nazisprüche, total uncorrectness, "geil auf die Weiber"... Und erst in den 70ern durften Ehefrauen freiwillig beruflich arbeiten! Denn bis in die 70er war das Patriarch-Veto: wenn der Ehemann "nein" sagt, durfte die Ehefrau nicht arbeiten... Und ich kenne natürlich die alten Bilder aus den 1960ern, 70ern, 80ern mit Häuser, Straßen, Moden, Autos... Geräusche bei Edgar Wallace-Filmen und der US-Krimiserie "Einsatz in Manhattan" (Kojak) etc etc... Auch das sind für mich Erinnerungen - Telefonzellen, Wählscheibe, Kompaktanlage, Plattengeschäfte, VW Käfer, Opel Manta, durfte ich alles erleben (ich hab noch Fotos in meinen Büchern mit Manta und VW Käfer). Und eben die Politik, Zeitgeschichte: Mondlandung 1969 (natürlich JAAAA, Ihr scheiß Verschwörings"theoretiker"), München-Attentat 1972, autofreier Sonntag 1973, RAF 1977, desweiteren, desweiteren... Na ja, ab 1976/1977 war der neue Zeitanfang mit Rodenbach-Clique (J.S., R.H., H.W....), K-Town-Leute um Smile/Ting/Rumpelkammer/Old Vienna etc, KL-Freunde mit M.K., R.N., R.R. etc, und die Freundinnen mit M.B. D.P., M.A.... Und mein

weiblicher Ewigfreund C.H. ab ca 1980 oder 81 (seit ca 2018/19 haben wir uns entzweit). Und meine Verlobte A.P. 1987 - 1992. Und Mannheim 1981 - 1984 (Guiseppa, Bea...). Die jungen Leute 2022 wissen gar nicht, wie cool es heute ist. Wenn die "Aber" schreien wegen Klima, Energiekrise, Putin-Krieg: ääh in "meinen" 70ern, 80ern war das auch: Kalter Krieg USA vs UdSSR (Stellvertreter-Kriege), Tanz auf dem Vulkan mit Atombomben-Drohungen, Vietnam-Krieg, Saurer Regen, Waldsterben, Tschernobyl...

BUCH 3

Moi Katzemäädsche Molly März oder April 2005 - 4. Febr. 2021!

In vielen Büchern von Gerd Steinkoenig (und Pseudonymen wie Gerds Seele Michelle Connery und Gerds Zeitläuferin Beatrice Farber) ist meine Katze Molly mit dabei mit Erinnerungen und Fotos... Sie ist unvergesslich! Sie ist das treueste Lebewesen, das ich kenne (vorallem so lange). Als Kleinkind war sie so neugierig und verspielt - oder sie sprang hoch zum Baumstamm und wieder runter (einfach aus Lebensfreude). Später waren 4 bis 5 Katzen zu ihr. Und einen Freund hatte sie auch (ein schwarzes Katerchen). Und sie war fixiert, dankbar, treu imd lieb mit mir. Wir waren ein Team. Sie war immer da und treu: 2 Hunde bei mir als "Babysitter" - und Molly ging zum Nachbarn (und jeden Abend streichelte ich die Molly), wegen Umzug von KL nach Annweiler 1 Woche nicht zusammen - wir begrüßten uns und wieder freudig, die 3 oder 4 Tage in meinem Schlaganfall-Delirium 2017 war sie wie ein Wachhündin an meiner Seite in meinem Bett - nix Futterchen, sie war treue Wachhündin... Und 9 Wochen ohne mich wegen dem Schlaganfall (Kliniken) - sie freute sich und miaute! 1 Stunde nonstop hatte ich sie gestreichelt! Und die Verabschiedung vor ihrem Weg auf die Regenbogenbrücke: urplötzlich hat sie mich hilfesuchend angeschrien MIAAAU MIAAAU, ich sofort zu ihr ins Bett. Sie war so schwach und leicht. Hab sie gestreichelt und die Decke über sie. Aufeinmal schmuste sie mit ihrem Kopf ca 15 Sekunden an meinem Kinn und ging zum Sterben. Es war surreal, es war von Gott: ich umarmte sie und ich schlief einfach ohne Träume -es sollte so sein!! Später war sie schon in ihrer nächsten Lebensdimension, mein Arm war noch am Fell, und DIESER Blick: die erstaunten Augen, der Kopf nach oben, sie hatte definitiv das Licht gesehen!

Nachfolgend moi Katzemäädsche (Fotos von 2015, 2010) und weitere Fotos (z.B. Annweiler am Trifels 2022):

„Wir alle brauchen **Respekt,** Mann und Frau, Schwarz und Weiß. Es ist unser **elementares Menschenrecht.**"

Aretha Franklin
US-Soul-Sängerin

Puzzle in Alzey-Klinik (Schlaganfall 2017) mit meiner Queen S.K.

Annweiler mit Chr. F.A. Wa. (aus Wien). Wäre schön gewesen - damals ich nach Wien, oder Chr nach (damals) nach KL. Aber leider ist sie seit 2013 in ihrer nächsten Lebensdimension. Unvergesslich - obwohl es "nur" online war, aber wir waren ein Team! 2015 hatte Chr. F. A. Wa. mich beschützt vom Himmel! Ich sag nur (Insider) Sportsbar PS, "Diamonds" (Rihanna) - dadurch doch noch das "Taxi"-Auto... Ich hab übrigens immer noch meine 2 Pink-CDs: sie war Fan von Pink und ich wollte ja eigentlich... Aber dann...

BUCH 4

Gerd Steinkoenig hat 21 neue Fotos hinzugefügt.

2 Std. ·

21 Fotos zu meinem neuen Kapitel mit "Buch 4"! Zeitgeister, Erinnerungen, Zeitoasen mit Chicago, Rolling Stones, Brian Connoly, Kraftwerk, Casablanca, Jenseits der Spree, Achim Reichel, Musik-Frankreich etc. Mit Frankreich hatte ich durch M.B. die Sprache gelernt (na ja, nur 10 Worte, hahaha) - aber immer wieder Querverweise: durch M.B. war automatisch The Dark Side Of The Moon (Pink Floyd), desweiteren. Oder Casablanca: oft gesehen und die eigene Film-Zeit - Ende der 70er war es womöglich anders im Film, wie z.B. aus den 90ern etc... Und zu diesem Thema vorallem mit Shining, Einer flog über das Kuckucksnest! Und Achim Reichel mit "Die grüne Reise" - ich hatte die LP, ich müsste sammlungstechnisch per CD suchen, wo isse... Für mich ein Musikhistory-Geheimtipp! Oder Brian Connoly von Sweet, aus meinen BRAVO-Teeniezeiten... Oder Hitchcock (die geile TV-Serie oder der Film "Die Vögel" - automatisch im Bett mit dem Film mit A.P., meiner Verlobten...). Oder Chicago mit "If You Leave Me Now": mein Songfavorit in den 70ern ala Liebeskummer oder dann doch... 21 Fotos mit meinen Wänden, Vitrinenschrank und 2 aktuelle Hefte (eclipsed, Good Times@KULT) - eigentlich Best of my Life - inkl Marianne Rosenberg, hach damals in den 70ern... C P 28.10.22 Gerd Steinkoenig Gerd F Steinkoenig Gerd Gerd

Connolly
...7-1974)

...mt keine Welle nur für Mädchen. Jungs
...hre Idole. Auch Marc Bolan hatte viele
...n seiner Musik Testosteron freisetzende
...denen man die halblangen Haare flie-
...sich herrlich zum Mitgrölen eigneten.
...lar gab es genug Mädchen, die ihm zu
...er grobschlächtig, in seinem Auftreten
...musikalisch irgendwie immer auf dem
...Alter: Die erste Chartsnotierung ver-
...der alte Sack.

...liches Problem. Als seine Band, The
...te der Sänger schon 26 Jahre. Per
...o The Sweet nach dem Wunsch der
..., hätte er bestenfalls die Rolle eines
...nen. Das förderte nicht gerade sein
...Kindheits- und Jugendtraumata eh
...Rock galt als das ganz große Ding,
...luzenten-Duo Mike Chapman und
...usikalischer Ideen in der Pipeline,
...fläche dienen sollten.

...onnolly aber ganz hervorragend als
...ein jungenhaftes Antlitz und gold-
...der damaligen Zeit ins Gesicht ge-
...timal proportionierte Figur konnte
...dsten Fummel eingenäht werden,
...ch, wenn Brian Connolly eine Zeit
...sich Lidschatten verpassen ließ,
...oder sich Federboas um den Hals
...nlichkeit. Seine Bewegungen wa-
...s rührte aus seiner Unsicherheit
...Bühne breitbeinig
...der kampfeslustig
...ten Textpassagen
...nn diese kernige
...s Samtenes, und
...der Blondschopf
...verströmte Zorn.

..., die beim An-

Gitarrist Andy Scott, aber auch Brian Connolly hatte sich vers...
unwohl in seiner Rolle als Sex-Objekt und Zeitschriftengesich...
fühlt. Er wollte ein echter Rockstar sein. Was er ...
eine gewisse Art damals schon war. Nur eben nic...
Fans seines Alters. Klar, er war ganz oben. Song...
er sang, führten europaweit die Singlecharts an...
hatte er das so angestrebt, wie es gekommen war...
was, wenn das alles wieder vorbeiging? Der Säng...
reichte nie jenen Moment, in dem er in der Lage ...
sen wäre, die Popularität einfach zu genießen. ...

wegnehmen („Ride A Rainbow"). Br
Bat Bone (1970) kam über Telefur
auf den Markt und fiel ein wenig ab,
nige Tracks etwas gesetzter anmuter
Fans kompromissloser Mucke mit h
Rock-Faktor aber immer noch ein e
tiges Muss! Und das psychedelische
din' In The Sunshine" ist immer nocl
der besten Psych-Tracks von Bands
zweiten Reihe. Kickt!

The King!

ELVIS PRESLEY
„Elvis Is Back!"
(Groove Replica/in-akustik)

Nachdem Elvis seinen Militärdienst abge-
rissen hatte, musste die Plattenfirma da-
rauf hinweisen, dass ihr Goldjunge wieder
am Start war. Und so erschien 1960 bei
RCA Victor „Elvis Is Back!", das Songs
umfasst, die in nur wenigen Tagen in Nash-
ville eingespielt worden waren. Mit „Fe-
ver" lieferte der King ordentlich ab, aber
auch „Such A Night" sowie „Dirty, Dirty
Feeling" und das sehr lässige „Reconsider
Baby" sind feinster Stoff. Neben den Titeln
des Originalalbums wurden bei der aktuel-
len Vinyl vier Bonustracks berücksichtigt,
darunter die Hymne „It's Now Or Never".
Die beiliegende CD (4-seitiges Paper-
sleeve) koppelt dann zu allem Überfluss
noch **Elvis Is Back! (1960)**, das erdige **A
Date With Elvis (1959)** und satte 8 Bonustracks. Heißer Stoff!

Americana/Rock/Britanicana/Postpu
White Reggae

JOE STRUMMER
& THE MESCALEROS
„1999-2002" (7LP)
(Dark Horse/BMG)

Joe Strummer zählt zu den wenigen
sikern aus dem Punk-Milieu, die sich
solo einen festen Platz im Musikgesc
erobern konnten. Natürlich lag das a
Geradlinigkeit von The Clash, die eb
ne Mode-Punks waren, sondern der
thentische Stoff", aber auch an Stru
Vermögen, über den Tellerrand zu se
Als er die Mescaleros als Begleitband
gierte, lag sein Fokus auf hochinteres
ten vereinnahmenden Songs sowie a

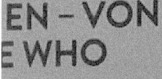

OLAF SALIÉ

CHANSON – LEIDEN-SCHAFT, MELANCHOLIE UND LEBENSFREUDE AUS FRANKREICH

(Prestel, geb., 240 Seiten, 50 Euro)
ISBN 978-3-7913-8616-4

Mit diesem Prachtband hat Prestel eine fulminante Hommage an das französische Chanson auf den Markt gebracht. Allein die Aufmachung zieht den Leser in den Bann. Eine auf wunderbarem Papier gedruckte Hardcover-Ausgabe mit Schutzumschlag und die grafische Gestaltung sind nicht nur stilistisch angemessen, sondern transportieren viel Atmosphäre. Autor Olaf Salié ist ein kenntnisreicher Beobachter der französischen Musik, der einerseits den Kontext aufzeigt und andererseits die historische Entwicklung beschreibt. Mit vielen stimmungsvollen Fotos ausgestattet, beginnt er, nach einer Definition des Chansons, mit der Belle Époque und dokumentiert Lucienne Boyer, Josephine Baker und Django Reinhardt. Ein großes Kapitel ist Edith Piaf und ihrer Generation gewidmet, aber auch Yves Montand, Charles Aznavour, Gilbert Bécaud und Jacques Brel werden adäquat porträtiert. Themengebiete wie French Pop (Serge Gainsbourg, Jane Birkin und France Gall) leiten dann zum Nouvelle Chanson über, also der aktuellsten Strömung. Stimmig, verführerisch und lehrreich.

anderem der Schriftsteller Axel Jensen gehört und auch Leonard Cohen. Mit ihnen erlebt sie einen Sommer, der von Unbeschwertheit, aber auch Konflikten geprägt ist. Dabei erfährt sie viel über sich und die mannigfaltigen emotionalen Ebenen, die der kreative Prozess anspricht. Beeindruckend sind die Naturbeschreibungen, die von vielen Kritikern als zu langatmig kritisiert wurden. Doch sie stehen für eine vereinnahmende Sinnlichkeit und das Vermögen, Gefühle durch Spiegelungen zu verdeutlichen, die vermutlich auch von ihrem Partner angeregt wurden. Ein Roman zum Durchatmen.

*** Alan Tepp...

PROMI BUCH-TIPP!

KAI ESBENSE...
(Bubblemat...

„Dieses Buch ermutigt zu vorurteil... freiem Denken. Es geht von der Promis... aus, dass es zwei Geisteshaltungen gi... die des Soldaten und die des Pfadfinde... Der Soldat will seine Position verteidig... und der Pfadfinder will die genaue... Information finden. Sei ein Pfadfind... aber übernimm' keine Ansichten,... deine eigenen Vorurteile unterstützen...

JULIA GALEF
»The Scout Mindset«
(Portfolio, Taschenbuch,
288 Seiten, 13,99 Euro)
ISBN 978-0593189269

eclipsed

A.R. & MACHINES
Die Grüne Reise in der Elphi

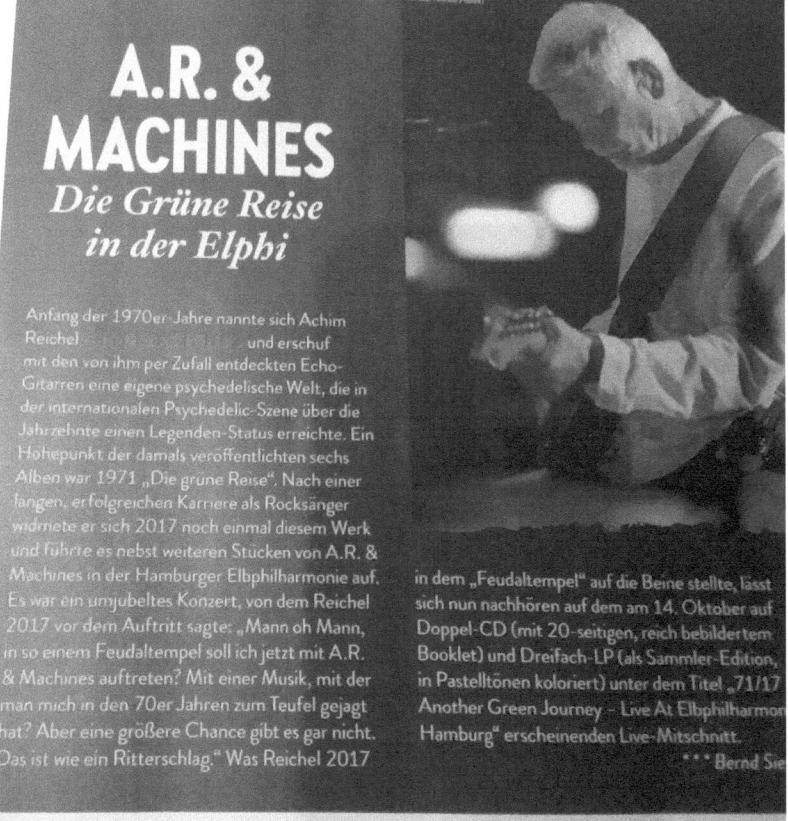

Anfang der 1970er-Jahre nannte sich Achim Reichel und erschuf mit den von ihm per Zufall entdeckten Echo-Gitarren eine eigene psychedelische Welt, die in der internationalen Psychedelic-Szene über die Jahrzehnte einen Legenden-Status erreichte. Ein Höhepunkt der damals veröffentlichten sechs Alben war 1971 „Die grüne Reise". Nach einer langen, erfolgreichen Karriere als Rocksänger widmete er sich 2017 noch einmal diesem Werk und führte es nebst weiteren Stücken von A.R. & Machines in der Hamburger Elbphilharmonie auf. Es war ein umjubeltes Konzert, von dem Reichel 2017 vor dem Auftritt sagte: „Mann oh Mann, in so einem Feudaltempel soll ich jetzt mit A.R. & Machines auftreten? Mit einer Musik, mit der man mich in den 70er Jahren zum Teufel gejagt hat? Aber eine größere Chance gibt es gar nicht. Das ist wie ein Ritterschlag." Was Reichel 2017 in dem „Feudaltempel" auf die Beine stellte, lässt sich nun nachhören auf dem am 14. Oktober auf Doppel-CD (mit 20-seitigen, reich bebildertem Booklet) und Dreifach-LP (als Sammler-Edition, in Pastelltönen koloriert) unter dem Titel „71/17 Another Green Journey – Live At Elbphilharmonie Hamburg" erscheinenden Live-Mitschnitt.

*** Bernd Sie

TOP 10 ALBEN

1. **BAP**: Vun drinne noh drusse
2. *James Last*: Nimm mich mit Käpt'n James auf die Reise
3. **Ricky King**: Happy Guitar Dancing
4. **BAP**: Für usszeschnigge!
5. **Dire Straits**: Love Over Gold
6. **Spider Murphy Gang**: Tutti Frutti
7. **Extrabreit**: Rückkehr der phantastischen 5
8. **Various Artists**: Grease 2 (OST)
9. **Imagination**: In The Heat Of The Night
10. **Steve Miller Band**: Abracadabra

TOP 10

»DIE LEBENDIGE KULTUR
MITTELEUROPAS WURDE IN DEN
30ER-JAHREN GEKAPPT. WIR NEHMEN
DIESE KULTUR AN DEM PUNKT AUF,
AN DEM SIE VERLASSEN WURDE.«

(Ralf Hütter, 1976)

netten Coverporträt äußerlich vom entperso-
nalisierten Kraftwerk-Weg ab, um ihn mit dem

ROCK MAGAZIN
Art · Progressive · Psychedelic · Blues · Classic · Hard Rock

THE ROLLING STONES · ARENA
STEAMHAMMER · THE DEAD DAISIES
KRAFTWERK · BIRTH · AVANTASIA

eclipsed

Live!
Sommer
Festivals, Teil 2
Exklusiver US-
Report: Phish
u.v.a.

the Rolling Stones
Auch nach 60 Jahren: Die größte Rockband der Welt

ARENA
Jubiläumstour! Neuer Sänger!
Neues Album!

KRAFTW3RK
Die Mensch-Maschine

Prog-Special: **THE FLOWER KINGS**
Roine Stolt über „Unfold The Future" plus Einkaufszettel!

NR. 244 OKTOBER

Foto: © BMC

Aus 21 wurden 16 Fotos... Wegen der Qualität die anderen 5 weg: nicht wegen der Qualität des Inhalts, sondern weil das Buch nach dem PDF-Beamen bei BoD schwarz/weiß ist... Hab ich bei diversen Büchern bemerkt... Hauptsache der Lifetime-Flair! Apropo Frankreich: beim Gerd Steinkoenig-Buch "Die Story von populärer Musik" (mein Bestseller!!) war mein absoluter Lieblingssong - aus Frankreich: Tou Va Changer (Michel Fugain & Le Big Bazaar 1976)!

Auch Topsongs (ganz kleine Auswahl - siehe mein Kapitel "Songliste" im Gerd Stein koenig-Buch "Blood On The Rooftops" 2017): Stairway To Heaven (Led Zeppelin), Time (Pink Floyd), Blood On The Rooftops (Genesis), Harvest Moon (Neil Young), Bohemian Rhapsody (Queen), Desperado (Eagles), Blue Jeans Blues (ZZ Top), Bahnhofskino (BAP), Der Spinner (Nina Hagen Band), Cowboy Rocker (Udo Lindenberg), Highway Star (Deep Purple), A Day In The Life (The Beatles), Imagine (John Lennon), Heroes (David Bowie), Teardrop (Massive Attack feat Elizabeth Frasier), Hammer Horror (Kate Bush), Kinder an die Macht (Herbert Grönemeyer), I Feel Love (Donna Summer), Africa (Toto), I Like Chopin (Gazebo) etc etc etc etc etc etc!!!!

BUCH 5

Lebenssonne und/oder Gerd Steinkoenig?? OK, war ein bisschen blöd, mit "Gerd Steinkoenig-Buch" oder so... Aber dieses Buch ist meine Einführung für mein "one and only"-Name LEBENSSONNE! Nicht mit Gerd-Bio oder Erinnerungen oder Musik, sondern total neue Horizonte! Erzählungen, Romane - bin gespannt... S2 hatte gestern eine coole idee: schreib doch, wie die Molly selbst erlebt! Echt cool... Wie ich so schreibe am Anfang: "Ich bin die Molly, mein Herrchen, ist ja mein Katerchen, säuselt immer Katzemääädsche zu mir". Oder so ähnlich, lach...

Warum LEBENSSONNE? Wegen einem Gedicht (oder Lyric, oder Prosa, was weiß ich), auf jeden Fall war die Lyric (namens "Lebenssonne" geschrieben), nur ein paar Wochen nach meinen Schlaganfall-Kliniken. FREIHEIT war bei mir absolute Priorität in meinen Kliniken. In der Alzey-Klinik (im Momentum der Zeit) war ich im Gefängnis! Unvergesslich in einem kleinen Ruhezimmerchen. Ich beobachtete/sinnierte aus dem Fenster. Ich wollte raus und es ging nicht. Durch die Wunde im Gehirn hatte ich wie in der Steinzeit totale Instinkte, Überlebensinstinkte! Die Außenstehenden kapieren das nicht. Gesunde Hirne und Schlaganfall-Gehirne sind 2 Paralelluniversen! (OK! Gesunde Gehirne sind auch krank: Trump, Putin, Hitler, Stalin, Mao...). Ich hoffe trotzdem, das Ihr mich ein bisschen kapiert. Sogar Psychologen (ganz wertfrei, wertneutral) kapieren es nicht, weil sie eben gesund sind, eine ganz andere Hirnebene! (OK! Vater meinte immer: Oh Gott, Psychologen, die sind verrückt, weil sie Psychologen sind, lach...). Also, wie gemeint "Ruhezimmerchen/aus dem Fenster": plötzlich flog ein Vogelschwarm vorbei und ich gleich: ich will auch fliegen in Freiheit, Freiheit!! Noch heute ist es schwierig, meine Freiheit zu gestalten: ich bin offiziell eben Behinderter... Betreuer-RAin, Betreuer etc... Und wegen dem legendären no isbn-Buch "Das Eichhörnchen aus der Dimension": warum dieser Titel? Das war mein 1. Buch nach den Kliniken - ca 4 Monate Schreiberei! Als Theraphie-Buch! In der Alzey-Klinik stand ich in meiner "Hofzelle" und da war ein schöner Baum (sah aus wie ein Paar durch die Äste/Zweige, und ich guckte (natürlich sinnierend). Aufeinmal war ein Eichhörnchen und sprach mit mir! Als wollte es sagen: Kopf hoch, du kriegst es hin... An jenem Tag war ja auch eine Autobahn: der Baum, am nahen Horizont die Autobahn (die Klinik hat ja eine eigene Ausfahrt), die Autogeräusche, da könnte man doch fahren, FREIHEIT, FREIHEIT!! Ich wette: meine RAin hat da keine Ahnung!! Wenigstens hab ich ja mein Engelchen (betreute Verbindung zwischen mir und RAin). Ach ja, zum Eichhörnchen: vielleicht bin ich tatsächlich Dolittle, lach... Bei meinen Haustieren sowieso, aber auch fremde Tiere sind "für mich da"... Nur ein Beispiel: Schwanenweiher in K-Town, hatte in jener Zeit öfter am Sonntag die Enten gefüttert. Da kam ein bestimmtes (wo ich kenne...) Entchen und quakte aufgeregt, als sie zu mir schwamm. Entchen retour zu ihrem Inselchen, und schnell schwamm sie wieder mit 3 Babys zu mir, und sie freute sich, als ich das Futterchen zu ihnen warf... Tiere wissen

Bescheid...

LEBENSSONNE (12. Dezember 2017) - in diversen Büchern, z.B. "Danach"...

Raus! Sauerstoff! Luft! Blauer Himmel und Sonnenschein... Ich blinzele in die Sonne und

vom gelben Lebenssaft pulsiert voller Leben!

Ich beobachte in die Fensternacht, verbreiten Häuser und Lichter, und da, wow! Sterne! Ich

habe die Sterne gesehen! Wieder kennenlernen im neuen Leben... Wie ein Kind äuge ich

voller Neugierde die Milchstraße...

Freiheit ist ein sensibler Begriff. Nicht nur bla bla von Politik und Freiheit... In der inneren

Seele: ICH BIN FREI!!

Meine Seele ist unsterblich - mit Lebenssonne, mit unendlichen Sternen, mit Freiheit.

Original-Zeilen nach 12 Tagen nach den 3 Kliniken... Ich hatte mehrere gute Lyrics, z.B. ZEIT
(aus dem Jahr 2012 - im KLwochenblatt - mein Urknall als Schreiber: natürlich in meinen
Büchern, z.B. "Blood On The Rooftops"...), SAMSTAGE, die KÖNIGSPINGUINE-Zeilen im März
2018, IDYLLE etc. Aber diese LEBENSSONNE-Zeilen ist das perfekte Momentum, Zeilen für
mein Grabstein (dauert noch, ich würde sagen: bis 78, 82, 91... Natürlich in Demut!).
Übrigens: bei meiner 3. Klinik in Bad Bergzabern hatte ich z.T. ein Zimmer mit viel
Panorama-Fensterblick. Das war mein Impuls zur LEBENSSONNE-Lyric!

BUCH 6

SYFY

26. Oktober um 11:00 ·

Die geheimnisvolle Bardame Guinan oder die psychologische Schiffsberaterin Deanna Troi –

an wen würdest du dich wenden?

Ein paar Fotos aus der Südlichen Weinstraße (Rheinland-Pfalz, Germany)!

Für mich sind Fotos Schönheit, Zeitoasen, Dokumentationen! Und Erinnerungen! "Ach ja, mit diesem Foto, weißt Du noch..." Und Paralellen von meinen Gedanken und Fotos: außer von meinem Selbstporträt (2018) waren die Fotos von 2021/2022. So schön mit meinem Lieblingsbaum, die stolze Blüte, die Kühe... Herrlich! Aber paralell war eben Pandemie Covid 19, später Putin´s Krieg (womöglich WW III??), Energiekrise, Inflation. Aber trotzdem so schön mit meinem Lieblingsbaum, stolze Blüte...

Bei meinen ISBN-Büchern (egal jetzt, Lebenssonne + Gerd Steinkoenig sind gleich) hab ich ab Buch 7 immer einige Fotos gemacht! Übrigens: bei BoD kann man natürlich auch Farbfotos kreiren. Hatte ich bei ISBN-Buch 7 ("Music Was My First Love") - aber es war echt Hardcore, Stress... Schxxx drauf... Und natürlich FÜR BoD: kompetent, freundlich, alles gut! Ich habs nur nicht geschnallt mit den Farbfotos...

Bei diesem Buch stand eine Lyric: "Menschen". 2 x hätte ich andere Worte benutzen können. 1 x dann doch: Ego-Shooter. Da passierte nix. Warum?? Wegen facebook! Mittlerweile sind die echt hardcore!! In den letzten Monaten 2 x beim Account heruntergesetzt. Jeweils 30 Tage... Gleich heißt es "Hassrede"!! Ich hab definitiv keine Hassrede benutzt. Aber "Meta"...